UN POÈTE EN JUSTICE

CHARLES BAUDELAIRE

DISCOURS

PRONONCÉ

A la Séance Solennelle de Réouverture de la Conférence
des Avocats stagiaires

Le 11 Janvier 1930

PAR

M. Roger BONNIN

Avocat à la Cour d'Appel
Secrétaire de la Conférence

POITIERS
IMPRIMERIE MARC TEXIER
7, rue Victor-Hugo, 7

1930

UN POÈTE EN JUSTICE

—

CHARLES BAUDELAIRE

—

DISCOURS

PRONONCÉ

A la Séance Solennelle de Réouverture de la Conférence
des Avocats stagiaires

Le 11 Janvier 1930

PAR

M. Roger BONNIN

Avocat à la Cour d'Appel
Secrétaire de la Conférence

———

POITIERS
IMPRIMERIE MARC TEXIER
7, rue Victor-Hugo, 7

—

1930

Aujourd'hui, onze janvier mil neuf cent trente, à quatorze heures, l'Ordre des Avocats à la Cour d'Appel de Poitiers s'est réuni, en robes, dans la 1ʳᵉ Chambre de la Cour, pour assister à l'ouverture des conférences du stage.

L'assemblée était présidée par Mᵉ GUILLAUME POULLE, bâtonnier, entouré de Mᵉˢ MÉRINE, DE LEFFE, POURET, DE LA GRANGE, DE ROUX, membres du Conseil de l'Ordre; AUGEARD, DE FONTMERVAULT, CERF, RASQUIER, COUTURIER, GARAUD, AYMARD, GROS, MAURICE, JAMET, HULIN, MALECOT, GALLET, GRASSEAU, MASTEAU, SENENTE, CHAUVET, GIRAULT, BOURRET, avocats inscrits au tableau.

La barre était occupée par les avocats stagiaires.

M. PLAS remplissait les fonctions de secrétaire.

M. le Bâtonnier, après avoir ouvert la séance, a prononcé un discours sur : *La mission de l'avocat*, et fait l'éloge funèbre de Mᵉ Albert TORNEZY, ancien bâtonnier de l'Ordre, décédé.

Puis, M. le Bâtonnier a donné la parole à Mᵉ Roger BONNIN, qui a lu une étude sur : *Un poète en justice : Charles Baudelaire.*

M. le Bâtonnier a fait connaître que le prix de 500 fr. fondé par M. le conseiller Lepetit, sous le nom de prix Lepetit-Durivault, avait été attribué par le Conseil de l'Ordre à Mᵉ Roger BONNIN, avocat stagiaire, pour l'année judiciaire 1928-1929.

M. le Bâtonnier a ensuite réglé les travaux de la Conférence et la séance a été levée à 15 h. 45.

Fait à Poitiers, les jour, mois et an que dessus.

Le Bâtonnier,　　　　*Le Secrétaire,*
G. POULLE.　　　　　　M. POURET.

UN POÈTE EN JUSTICE
CHARLES BAUDELAIRE

En cette matinée du 20 août 1857, le boulevard du Palais ne présentait point à 8 heures du matin une animation particulière.

Un omnibus venait de passer, dans un bruit de ferraille, au trot de ses 3 chevaux. Quelques rares fiacres trottinaient doucement sur le pavé, avec, accrochés par derrière, des gamins levés de bonne heure, qui s'étaient bien promis de passer cette journée du jeudi, loin des soucis de la classe, à polissonner dans tout le quartier.

Des employés, le pas alerte, rejoignaient leur travail, tandis que quelques placides bourgeois faisaient d'une allure tranquille leur promenade matinale, en lisant le *Moniteur*, le journal officiel, qui allait leur apprendre les plus fraîches nouvelles de l'Empire.

Cependant un observateur un peu habitué aurait bien vite remarqué que par petits groupes des gens se hâtaient d'escalader les marches du Palais de Justice.

Parmi tout ce monde, qui hésitait et cherchait son chemin à travers les galeries, on ne retrouvait guère les figures habituelles des rentiers désœuvrés qui avaient coutume de venir sommeiller pendant les plaidoiries.

Il y avait surtout, cherchant la salle de la 6e Chambre correctionnelle, des gens qui n'étaient, à en juger par leur mine, ni des ouvriers, ni des bourgeois, **qui** avaient des airs supérieurs et détachés, **des mises** extraordinaires ou simplement recherchées, et dont certains arboraient outrageusement des cravates aussi opulentes que leurs chevelures.

La 6ᵉ Chambre correctionnelle, remarquable par son papier vert, ses 2 fenêtres et son horloge **qui** venait de sonner la demie de 8 heures, était déjà presque comble et les conversations allaient leur train.

C'est que la chose en valait la peine; on allait juger Charles Baudelaire, ce jeune et audacieux poète si connu du Parnasse d'avant-garde, et qui était poursuivi pour la publication des *Fleurs du Mal,* un livre de vers qui venait juste d'être édité.

Le prévenu, qu'on se montre du doigt en chuchotant, est debout auprès de la barre, en conversation avec son avocat : c'est un homme encore jeune, **mince** et élégant, d'une mise un peu recherchée, vêtu d'un habit noir très ample, avec de larges manches, un gilet long fermant très haut, un pantalon tirebouchonnant sur des souliers où l'on chercherait vainement la plus petite trace de poussière.

Le cou d'une blancheur éclatante s'élance d'un col complètement ouvert et largement rabattu, ce **qui** a valu bien souvent au poète d'être appelé « le guillotiné ».

Une cravate en madras des Indes à carreaux complète ce costume si impeccable dans son ensemble.

Lorsque le poète lève la tête pour quêter dans la salle d'audience quelques regards amis, on est immédiatement frappé par ses yeux « couleur de tabac d'Espagne » qui se posent avec une insistance parfois un peu pénétrante; sa bouche mince lui donne par instants un air de sévérité distante. La blancheur du front, vaste et haut, est encore accentuée par les cheveux noirs, dont une mèche rebelle, vaguement napoléonienne, tombe en pointe du côté gauche.

Au premier rang, de belles dames à crinoline se font en grand secret des confidences, glissant parfois un regard discret vers Charles Baudelaire, le poète des *Fleurs du Mal*; et quelques-unes se surprennent à soupirer en pensant que ce garçon, si fin et si distingué, va ce soir en rentrant chez lui retrouver sa maîtresse, une mulâtresse alcoolique.

Même pour le procès de Flaubert, en février, il y avait eu beaucoup moins de curieux; il est vrai que celui-ci était moins connu pour son originalité que Baudelaire. Aussi, certains étaient-ils venus avec le secret espoir que Baudelaire allait faire scandale par des réponses saugrenues aux magistrats.

N'est-ce pas lui, en effet, qui, sur un ton sans réplique, avait une fois répondu à son propriétaire, qui se plaignait d'entendre des bruits insolites dans son appartement : « Mais, Monsieur, je fends du bois dans le salon, je traîne à terre ma maîtresse par les cheveux, cela se passe chez tout le monde, et vous n'avez nullement le droit de vous en préoccuper. »

D'autres étaient à l'audience parce que la cause de la littérature était en jeu et que Baudelaire passait pour un représentant particulièrement qualifié des lettres françaises.

Car, en 1857, avant ce procès, qui allait consacrer définitivement sa gloire et contribuer largement à sa popularité, Baudelaire était loin d'être un inconnu.

Très jeune il avait été, en effet, en pleine possession de son génie de poète et de son talent d'écrivain; presque tous ses poèmes des *Fleurs du mal*, le livre aujourd'hui déféré en justice, il les avait écrits de 1840 à 1845, de 19 à 24 ans.

Ses vers, qu'au retour d'une sortie nocturne, il jetait

fiévreusement sur le papier, qu'il relisait et corrigeait sans cesse « avec patience et fureur », étaient depuis longtemps connus de ses amis.

Les papiers couverts de son écriture si nette et si racée circulaient dans les cénacles; les poètes, les artistes, tous ceux qui avaient le mépris du bourgeois, les connaissaient, ces vers d'une originalité si rare, si surprenante, d'une vérité aussi si décevante.

Baudelaire faisait vraiment figure d'homme nouveau; tout jeune, auteur d'une œuvre inédite, il avait acquis la célébrité dans le milieu de la bohême, ce qui, même en 1840, était autrement enviable qu'une grossière popularité, acquise par la seule admiration des bourgeois.

Et Baudelaire revoyait l'enchantement de ses premiers succès, lorsqu'entre deux vigoureuses bouteilles il disait quelques-uns de ses poèmes à ses amis, les artistes, réunis avec lui pour boire et palabrer au « Rendez-vous des Quatre-billards », ou à Plaisance, au cabaret de la mère Saguet.

Longtemps il avait hésité avant de livrer son volume au public, tant il avait le souci obstiné de la perfection, et la volonté tenace de faire un livre dans lequel toutes ces pièces, en apparence étrangères, seraient reliées par une idée qui les dominerait toutes.

Et c'est ce souci de faire un livre ayant, comme il le disait, « un commencement et une fin », qui l'avait retardé dans la publication des *Fleurs du Mal.*

Dès 1840, cependant, il avait annoncé la publication d'un recueil de vers; cette annonce avait été renouvelée en 1846, et Baudelaire avait fixé comme titre : *Les Lesbiennes.*

Mais le livre ne paraissait toujours pas : il est vrai que Baudelaire donnait cependant de-ci, de-là, au gré de sa fantaisie, quelques pièces qui, toujours, étaient indiquées comme faisant partie d'un volume qui. ne tarderait pas à voir le jour.

L'*Artiste*, que dirigeait Théophile Gautier, avait publié trois poèmes, dans le courant de 1845 et de 1846.

En 1848, en pleine révolution, Baudelaire avait franchement délaissé les extases poétiques pour les bagarres des rues; et il s'était promené, dans les faubourgs, cravaté de rouge, le fusil en main, avec de belles cartouchières toutes neuves, criant bien haut qu'il allait faire le coup de feu.

Au milieu de ses préoccupations révolutionnaires, il n'avait pas complètement oublié qu'il était poète, puisqu'il avait eu l'idée bizarre de donner son poème *Le Vin de l'assassin* à un estimable journal, le seul susceptible d'accueillir dignement un tel titre : l'*Echo des marchands de vin*.

Et il faut bien croire que les passions politiques étaient alors déchaînées, car cette publication avait donné lieu, dans « la Presse » de 1848, à cette savoureuse appréciation qui, comme bien on pense, avait mis en joie notre poète, révolutionnaire d'opéra-comique :

« Aujourd'hui nous voyons annoncé, dans l'*Echo des marchands de vins*, *Les Limbes*, poésies. Ce sont, sans doute, des vers socialistes, et, par conséquent, de mauvais vers. Encore un devenu disciple de Proud'hon par ou trop peu d'ignorance. »

Baudelaire avait souri, la chose en valait bien la peine.

Le livre ne paraissait toujours pas; quelques poèmes détachés avaient pourtant été imprimés, et, en 1850, 2 poésies : *Le Vin des honnêtes gens* et le *Châtiment de l'Orgueil* avaient été imprimés dans un journal qui, de par son titre, — il s'appelait *Le Maga-*

sin des Familles, — pouvait sembler assez peu destiné à donner asile aux vers de Baudelaire.

Il est vrai que le directeur du journal, pour éviter sans doute d'effaroucher par trop les familles dont il assumait l'éducation littéraire, avait estimé nécessaire de faire escorter les deux poésies de la note suivante :

« Ces deux pièces sont tirées d'un livre intitulé *Les Limbes,* — Baudelaire n'était pas encore fixé sur son titre, — qui paraîtra très prochainement et qui est destiné à reproduire les agitations et les mélancolies de la jeunesse moderne. »

En 1855, Baudelaire avait eu les honneurs de la *Revue des Deux Mondes;* et il avait, sans trop le montrer, éprouvé une joie délirante, en apprenant que Buloz consentait à insérer 18 de ses poèmes, qui, cette fois, seraient annoncés sous le titre définitivement adopté des *Fleurs du Mal.*

Mais comme son enthousiasme s'était gelé, lorsqu'il avait lu la notice prudente et réservée que la *Revue des Deux Mondes,* vieille dame à principes, avait eu soin d'annexer à ces 18 poèmes, comme pour s'excuser de son excès d'audace !

Voici, en effet, ce qu'il avait lu, le poète incompris, dans le numéro du 1er juin :

« En publiant les vers qu'on va lire, nous croyons montrer une fois de plus combien l'esprit, qui nous anime est favorable aux essais, aux tentatives dans les sens les plus divers.

« Ce qui nous paraît ici mériter l'intérêt, c'est l'expansion vive et curieuse, même dans sa violence, de quelques défaillances, de quelques douleurs morales, que, sans les partager, ni les discuter, on doit tenir à connaître, comme un des signes de notre temps.

« Il nous semble d'ailleurs qu'il est des cas où la publicité n'est pas seulement un encouragement, où elle peut avoir l'influence d'un conseil utile et appeler le vrai talent à se dégager, à se fortifier, en élargissant ses voies, en étendant son horizon. »

Pauvre poète, comme cette note avait cinglé son enthousiasme; et c'est alors qu'il s'était décidé à ne plus publier des pièces isolées, mais à donner enfin, cette fois, son livre complet, *Les Fleurs du Mal,* qu'il faudrait juger dans son ensemble.

Tout était prêt; il ne restait plus qu'à trouver un éditeur; ce n'était point besogne si facile, surtout après l'article de Louis Goudall, paru le 4 novembre 1855, dans le *Figaro,* et qui, après la publication de la *Revue des Deux Mondes,* infligeait à Baudelaire des sentences de ce genre : « Indigence navrante des idées, poésie scrofuleuse, écœurante, glaciale, de charnier et d'abattoir. »

Enfin, Baudelaire avait trouvé Auguste Poulet-Malassis, ce gros garçon jovial, qui, bientôt, à ses côtés, allait s'asseoir sur les bancs de la correctionnelle, et, qui, pour le moment, semblait s'amuser follement à écouter le président Dupaty qui admonestait gravement l'auteur d'un obscur larcin, un vieux vagabond devenu philosophe et depuis longtemps blasé sur la majesté de l'appareil judiciaire.

Poulet-Malassis, fils d'un imprimeur d'Alençon, avait été, en 1848, élève à l'Ecole des Chartes; c'était un esprit curieux, sans cesse en éveil; il s'était, très jeune, mêlé au monde de la littérature, et c'était là qu'il avait connu Baudelaire, son aîné de quatre ans.

A la mort de son père, Poulet-Malassis était revenu à Alençon prendre la direction des ateliers paternels, et ce n'était point dans l'impression du journal local d'Alençon ou de vagues actes administratifs que le jeune imprimeur pouvait exercer le goût qu'il avait pour l'art typographique, au sens le plus élevé du mot.

C'est alors qu'il avait imaginé de se faire éditeur, et avait renoué connaissance avec son ami Baudelaire, qui, précisément, était en quête d'un éditeur pour les *Fleurs du Mal*.

En bons vieux camarades qui avaient été en 1848 du même côté de la barricade, on avait fini par s'entendre, et, le 30 décembre 1856, le contrat était intervenu entre le poète et les éditeurs, M. Poulet-Malassis et son associé M. Eugène de Broize.

« Entre MM. Poulet-Malassis et Eugène de Broize, imprimeurs à Alençon, d'une part, et M. Charles Baudelaire, littérateur, d'autre part,

« A été convenu ce qui suit :

« M. Charles Baudelaire vend à MM. Poulet-Malassis et Eugène de Broize deux ouvrages : l'un, *Les Fleurs du Mal*; l'autre, *Bric à brac esthétique*.

« M. Charles Baudelaire livrera *Les Fleurs du Mal* le 20 janvier prochain, et le *Bric à brac esthétique*, à la fin de février.

« Chaque tirage sera de mille exemplaires.

« Pour prix de cette vente, M. Charles Baudelaire touchera par chaque volume tiré, vendu ou non, vingt-cinq centimes, soit un huitième du prix marqué sur le catalogue de MM. Poulet-Malassis et Eugène de Broize.

« M. Charles Baudelaire s'interdit la reproduction, sous quelque forme que ce soit, de tout ou partie de la matière contenue dans ces deux volumes.

« M. Charles Baudelaire ne pourra offrir ces ouvrages ou l'un de ces ouvrages à un autre libraire qu'au cas où les éditeurs, n'ayant plus en magasin qu'un petit nombre d'exemplaires, se refuseraient à les réimprimer.

« Fait double, à Paris, le 30 décembre 1856. »

Et c'était l'exécution de ce contrat, par la publication des *Fleurs du Mal,* qui allait réunir, dans quelques instants, les éditeurs et le poète, sur ce banc de correctionnelle, que de pâles voyous et de crasseux vagabonds se préparaient à quitter, sous la surveillance d'imposants gendarmes à bicorne.

Le livre n'avait été imprimé que très lentement, car Baudelaire corrigeait et recorrigeait sans cesse; cette lenteur avait le pouvoir d'exaspérer Poulet-Malassis, qui ne craignait pas de sermonner sévèrement Baudelaire, en joignant aux épreuves des notes du genre de celle-ci :

« Voilà 2 mois que nous sommes sur *Les Fleurs du Mal* pour en avoir imprimé 5 feuilles. Je ne vous en dis pas davantage. »

Baudelaire répondait souvent sur le ton amical à Poulet-Malassis, qu'il avait baptisé : « Coco mal perché » : « Ah! malheureux, plein de pétulance, lui disait-il, avez-vous tiré avant d'avoir reçu les dernières corrections? »

Avec de Broize le ton était plus sec et, aux reproches de l'associé de « Coco mal perché », il n'hésitait pas à répondre vertement : « Si vous ne voulez pas de surcharges, Monsieur, il ne faut pas envoyer d'épreuves torchées. »

Enfin, en juin 1857, 6 mois après la conclusion du contrat, *Les Fleurs du Mal* sortaient des presses de l'imprimerie d'Alençon et paraissaient en librairie, — l'ouvrage était dédié à Théophile Gautier.

L'œuvre poétique de Baudelaire avait été enfin, par les soins conjugués de Poulet-Malassis et de Broize, rassemblée et livrée au public dans un volume; la publication d'une œuvre aussi surprenante ne pouvait que provoquer des appréciations discordantes dans le domaine des lettres, et susciter des polémiques dans le domaine de la critique.

Baudelaire le savait bien, et il n'avait pas été du tout fâché à la pensée qu'il allait être le centre des discussions littéraires, qu'on allait beaucoup parler de lui, que le cercle restreint et un peu étroit de sa célébrité allait enfin s'élargir, et qu'il allait, aux yeux d'un plus grand nombre, passer pour un chef d'école.

Aussi, en cette fin du mois de juin 1857, alors que son livre allait bientôt s'étaler aux boutiques des libraires, avec quelle minutie Baudelaire soignait-il sa toilette d'une si parfaite excentricité.

Plus que jamais il fallait ne pas être confondu avec le commun, et continuer à étonner par sa mise le bourgeois lettré, qui d'aventure aurait déjà mis le nez dans le livre nouveau.

Mais Baudelaire n'avait point prévu le déchaînement soudain de la presse à propos des *Fleurs du Mal*.

Au début même de juillet, les attaques avaient commencé. *Le Figaro* qui, deux ans auparavant, après la publication de la *Revue des Deux Mondes*, avait si durement qualifié le poète, n'allait pas se déjuger, et, dans le numéro du 5 juillet 1857, Gustave Bourdin, le propre gendre de Villemessant, le directeur, faisait paraître un article dans la rubrique *Ceci et cela*. — Baudelaire n'y était point ménagé.

« Ce livre, disait l'auteur, est un hôpital ouvert à toutes les démences de l'esprit, à toutes les putridités du cœur. »

Et, après avoir énuméré certaines pièces parmi lesquelles *Lesbos* et les *Femmes damnées,* Bourdin ajoutait encore :

« Si l'on comprend qu'à 20 ans l'imagination d'un homme puisse se laisser entraîner à traiter de semblables sujets, rien ne peut justifier un homme de plus de 30 ans d'avoir donné la publicité à de semblables monstruosités. »

Baudelaire avait d'abord souri de pitié, mais sa susceptibilité était atteinte; il s'était mis en rage contre ce Bourdin, qui se mêlait de ce qui ne le regardait pas, et s'était bien promis de le lui faire savoir d'une façon ou d'une autre, à première occasion.

Le hasard avait favorisé Baudelaire qui, quelques jours plus tard, avait précisément rencontré le signataire de l'article du *Figaro*, dans un établissement de bains.

A la vue de celui qu'il tenait désormais pour son ennemi, notre poète se préparait à bondir, avec d'autant plus de véhémence, qu'il était chaussé et botté, alors que le journaliste était en caleçon de bain, ce qui, évidemment, ne lui donnait point l'avantage de la position et l'incitait à battre prudemment, mais dignement, en retraite, pendant que Baudelaire, furieux d'avoir manqué un si beau coup, faisait des reproches véhéments aux amis qui, en le retenant, l'avaient empêché de satisfaire aussi simplement son ressentiment littéraire.

Notre poète ne laissait cependant pas d'être préoccupé, surtout après avoir entendu murmurer, par ses amis, que l'article de Bourdin aurait été inspiré par M. Billault, le ministre de l'Intérieur, qui se trouvait en relations suivies avec le *Figaro.*

Car, après tout, Baudelaire avait bien senti tout ce que son livre pouvait avoir de nouveau et d'étonnant pour les bourgeois de son siècle, d'autant plus fixés et paisibles en morale et poésie, qu'ils avaient été davantage en politique ballottés par les agitations révolutionnaires.

Pourtant, malgré l'article du *Figaro*, malgré les bruits de poursuites pour offense à la morale publique et religieuse, bruits qui avaient circulé comme un mot d'ordre, dès la publication de l'article du *Figaro*, Baudelaire avait considéré tout cela comme des commérages et ne croyait nullement au procès.

C'est dans cette disposition d'esprit qu'il écrivait, à sa mère, le jeudi 9 juillet 1857 :

« Le livre met les gens en fureur. On avait répandu le bruit que j'allais être poursuivi; mais il n'en sera rien — un gouvernement qui a sur les bras les terribles élections de Paris n'a pas le temps de poursuivre un fou. »

Averti dès le lendemain par Leconte de Lisle que le Parquet était décidé à agir et qu'une saisie des *Fleurs du Mal* était imminente, tant à Paris qu'à Alençon, Baudelaire s'était empressé d'écrire, le 11 juillet, à Poulet-Malassis pour le mettre en garde :

« Vite, cachez, mais cachez vite toute l'édition. Voilà ce que c'est que d'envoyer des exemplaires au *Figaro*. Voilà ce que c'est que de ne pas vouloir lancer sérieusement un livre. Au moins nous aurions la consolation, si vous aviez fait tout ce qu'il fallait faire, d'avoir vendu toute l'édition en trois semaines, et nous n'aurions plus que la gloire d'un procès, duquel d'ailleurs, il est facile de se tirer.

« Je suis persuadé que cette mésaventure n'arrive que par suite de l'article du *Figaro* et de bavardages absurdes. »

Etait-il si facile de se tirer du procès? Baudelaire l'avait bien écrit, mais sans trop y croire.

A partir de ce moment il avait commencé d'être

inquiet ; un procès l'effrayait et, surtout, il ne pouvait pas concevoir que ce livre qui contenait tout son cœur pût être l'objet d'une sanction quelconque.

Du jour où Leconte de Lisle lui avait fait entrevoir la menace d'une poursuite, une inquiétude nerveuse, grandissante, l'avait assailli, et lui, si méprisant parfois de l'opinion du monde, s'était ingénié par tous moyens à détourner l'orage et à éviter le procès. Allait-il pouvoir le faire ? En tout cas la tâche serait rude.

Le dimanche 12 juillet, en effet, le *Figaro* revenait à la charge, dans un second article. Mais Bourdin, se souvenant de sa mésaventure de l'école de natation, avait préféré voir un autre que lui-même exposé à la fureur poétique de Baudelaire. L'article, signé cette fois d'un nommé J. Habans, était, à coup sûr, aussi violent que celui de Bourdin du dimanche précédent.

Baudelaire, en le lisant, était entré dans une rage froide, et, s'il avait rencontré Habans, même en costume de ville, il eût été difficile de le retenir.

Voici, en effet, ce qu'avait écrit J. Habans :

« Toutes ces horreurs de charnier étalées à froid, ces abîmes d'immondices fouillés à deux mains, et les manches retroussées, devaient moisir dans un tiroir maudit.

« Mais on croyait au génie de M. Baudelaire, il fallait exposer l'idole longtemps cachée à la vénération des fidèles. Et voilà qu'au grand jour, l'aigle s'est transformé en mouche, l'idole est pourrie, et les adorateurs fuient en se bouchant le nez.

« Il en coûte assez cher de jouer au grand homme à huis clos, et de ne savoir pas, à propos, brûler ces élucubrations martelées à froid dans la rage de l'impuissance. »

Et après avoir encore poursuivi sur ce ton, l'auteur concluait :

« Allons, un *Requiem* par là-dessus, et qu'on n'en parle plus. »

Baudelaire avait été d'autant plus ému par les attaques violentes et systématiques du *Figaro,* qu'il était presque assuré cette fois que les articles avaient été, sinon commandés, du moins inspirés par le ministre de l'Intérieur, M. Billault, et cela dans le but de préparer et de colorer, en quelque sorte, les poursuites décidées, mais non encore officiellement commencées.

Baudelaire n'ignorait pas non plus que le ministre de la Justice, M. Abbatucci, ne lui était guère favorable, et qu'il ferait lancer l'assignation dès qu'il estimerait que l'opinion aurait été suffisamment travaillée par les articles du *Figaro.*

La situation devenait donc tout à fait tendue; pour éviter un procès il fallait agir vite, courir directement au plus pressé; mais, que pouvait un pauvre poète contre deux ministres qui s'étaient ligués contre lui et avaient décidé de le faire condamner?

Déconcerté par la perspective du procès, il n'avait pas tout d'abord su que faire, et finalement s'était décidé à réunir ses amis et à tenir conseil.

On s'était réuni, on avait vitupéré contre le régime, contre la bourgeoisie, sa morale hypocrite, et, finalement, on avait arrêté un plan.

A l'attaque il fallait répondre par l'attaque, — aux articles du *Figaro* il fallait immédiatement en opposer d'autres : Edouard Thierry, Edouard Dulamon, Barbey d'Aurevilly et Charles Asselineau avaient, sans hésitation, promis leur concours, et l'on pouvait compter sur eux.

Dès le 14 juillet, deux jours après le second article

du *Figaro,* le plan d'attaque arrêté par Baudelaire et ses amis allait se révéler; le *Moniteur* publiait, en effet, un article d'Edouard Thierry sur *Les Fleurs du Mal;* article très élogieux, certes, mais dont certains passages révélaient peut-être qu'il avait été écrit en guise de défense. Thierry, visiblement, avait cherché à justifier Baudelaire en face des attaques qui allaient se préciser contre lui, lorsqu'il avait écrit :

« Le poète ne se réjouit pas devant le spectacle du mal. Il regarde le vice en face, mais comme un ennemi qu'il connaît bien et qu'il affronte. »

C'était déjà un commencement de réponse aux griefs de la prochaine assignation.

En tout cas la publication de l'article dans le *Moniteur,* journal officiel, sous le visa du ministre d'Etat, M. Fould, était chose d'importance, et il était permis d'en conclure que M. Fould avait fait siennes les appréciations de Thierry, et que le gouvernement n'était point décidé à poursuivre.

Le pauvre poète, terrorisé à l'idée d'un procès, avait été un peu consolé par l'article de Thierry; la publication dans le *Moniteur* était bien la preuve que M. Fould ne lui en voulait pas, tout au contraire; aussi, pourquoi ne lui écrirait-il pas directement?

Mais M. Fould était un ministre tout-puissant qui devait faire bon marché d'un faiseur de vers.

Cependant, il pouvait être bienveillant et utile; après bien des hésitations, et avoir griffonné plusieurs brouillons jamais à son goût, Baudelaire s'était décidé à lui envoyer une lettre dans laquelle il n'avait pas hésité à se départir de son dédain habituel pour le bourgeois, — il est vrai qu'un ministre n'est pas un bourgeois ordinaire; — dans cette lettre il demandait à M. Fould son appui.

« J'avais l'intention, écrivait-il, d'adresser une

espèce de plaidoirie à M. le Garde des Sceaux, mais j'ai pensé qu'une pareille démarche impliquerait presque un aveu de culpabilité, et je ne me sens pas du tout coupable. Je suis au contraire très fier d'avoir produit un livre qui ne respire que la terreur et l'horreur du mal. Aussi bien, Monsieur le Ministre, pourquoi ne vous dirais-je pas avec candeur que je vous demande votre protection, en tant qu'il soit possible de l'obtenir, à vous qui, par votre esprit, encore plus que par votre position, vous trouvez le protecteur naturel des lettres et des arts. »

La lettre jointe à l'article de Thierry avait-elle produit quelque effet? Baudelaire n'en savait rien. Mais ce qu'il savait, c'est qu'on avait parlé de lui entre ministres, et que MM. Abbatucci et Billault, qui voulaient poursuivre, avaient eu quelques mots avec M. Fould, qui, en laissant paraître l'article de Thierry, semblait plutôt disposé à éviter le procès, en entravant les attaques du *Figaro.*

Dès qu'il l'avait su, Baudelaire, tout joyeux, s'était empressé, le 20 juillet, d'en faire part en style télégraphique à son cher « Coco mal perché » : « Ici, conflit entre les deux ministres, Moniteur et Intérieur. M. Abbatucci a dit : Vous voulez donc entraver l'attaque! »

Il pouvait, en effet, être encore temps d'agir pour entraver l'attaque, et Baudelaire pressait ses amis de faire paraître leurs articles; le 23 juillet, le *Présent* publiait un chaleureux article de Dulamon; d'Aurevilly et Asselineau se préparaient à donner les leurs.

Cependant le Parquet agissait, la poursuite était décidée, elle allait commencer; aussi les hostilités étant ouvertes, les articles préparés ne furent point imprimés, les journaux qui devaient les recevoir ayant évidemment reçu un ordre venu d'en haut.

Tout comme Asselineau, à la *Revue française,* Barbey d'Aurevilly s'était heurté, au journal *Le Pays,* à un refus catégorique. Aussitôt il avait jeté l'alarme en écrivant à son ami Baudelaire :

« Je suis arrivé au *Pays* où j'ai trouvé une consigne contre vous depuis quatre jours. Si la poursuite s'interrompait, un mot vite, pour que mon article se lève comme un Cid pour vous. »

Les articles du *Figaro* avaient ainsi porté leurs fruits, l'affaire était lancée, et tous les efforts de Baudelaire avaient été inutiles pour l'arrêter.

Baudelaire, toujours très affecté par le procès, s'était pourtant résigné à comparaître en justice, il n'avait plus cherché désormais qu'à éviter une condamnation, et était bien décidé à tout mettre en œuvre pour y réussir.

Pour l'organisation de sa défense, il ne fallait rien négliger et ne pas perdre un instant.

Déjà il avait été convoqué par M. Camusat-Busserolles, juge d'instruction désigné pour suivre l'affaire; il s'était efforcé de démontrer à ce magistrat que *Les Fleurs du Mal* méritaient d'être examinées dans leur ensemble et qu'il fallait les apprécier non pas par des pièces séparées, mais bien dégager la moralité générale de l'œuvre, tout en cherchant la conclusion.

Pendant plusieurs heures, il avait tenté de faire comprendre au magistrat toutes les beautés morales qui pouvaient se dégager de cette œuvre poursuivie.

Il ne lui avait pas, non plus, caché le douloureux étonnement que lui causait ce procès. M. Camusat-Busserolles était un homme fort courtois et tout à fait bienveillant, ce n'était pas sans intérêt qu'il avait suivi les explications si ardentes du poète; mais, finalement, il avait souri en face de celui qu'il considérait, un peu, comme un illuminé.

En sortant du cabinet du juge, Baudelaire avait bien senti qu'il restait incompris, que M. Camusat-Busserolles n'était point converti et qu'il ne ferait rien en sa faveur.

Que pouvait d'ailleurs un juge d'instruction, en présence de cette poursuite considérée déjà avec tant de bienveillance par deux ministres.

Cependant, notre poète était bien décidé à jouer tous ses atouts pour faire aboutir le triomphe de sa cause.

Le 27 juillet, il avait appris à sa mère les poursuites dirigées contre lui, et, sans perdre le sens de la réalité, il lui désignait les gens qui devaient être en mesure de lui apporter un appui sérieux.

« Demandez, écrivait-il, à votre cabinet de lecture de Honfleur le numéro du *Moniteur* du mardi 14 juillet, vous y trouverez un fastueux éloge de moi; après quoi, quand je vous aurai instruite que M. Abbatucci est venu chercher noise à M. Fould à propos de cet article, lui disant : « Pourquoi faites-vous l'éloge d'un ouvrage que je veux faire poursuivre? » vous comprendrez que je suis l'occasion d'un conflit entre trois ministres.

« M. Fould se trouve obligé de me défendre. Me sacrifiera-t-il? Toute la question est là.

« M. Billault est si enragé qu'il a fait défendre au *Pays* de parler de moi. Cela est absolument illégal, car je ne suis pas condamné, je ne suis que prévenu. Je vais avoir communication de l'article dont M. Billault empêche illégalement l'impression; je le ferai tirer en placards dans l'imprimerie d'un de mes amis, j'en adresserai un à M. Fould, un à M. Piétri, un au juge d'instruction, un à mon avocat (je n'en ai pas encore) et un à M. Billault lui-même.

« J'ai pour moi M. Fould, M. Sainte-Beuve et M. Mé-

rimée (qui est non seulement un littérateur illustre,
mais le seul qui représente la littérature au Sénat),
M. Piétri, une puissance très grande — c'était le pré-
fet de police — et comme M. Mérimée, l'ami intime de
l'Empereur. »

Et comme Baudelaire savait bien qu'en toutes
choses l'influence féminine ne doit jamais être mise
de côté, il ajoutait :

« Il me manque une femme; il y aurait peut-être
moyen d'engager la princesse Mathilde dans cette affaire, mais je me creuse en vain le cerveau pour
trouver le moyen. »

Tout occupé à rassembler les influences, Baudelaire
ne restait guère inactif, mais le temps passait et le
Parquet paraissait décidé à mener l'affaire le plus rapidement possible.

Enfin, le poète avait choisi Me Chaix d'Est-Ange
comme avocat; c'était encore un jeune homme dont
le père, avocat très brillant, venait précisément d'a-
bandonner le barreau, ayant accepté de Napoléon III
le poste de procureur général près la Cour d'appel de
Paris.

On était aux premiers jours d'août, et il était temps
pour Baudelaire de rechercher, avec son avocat, tous
les arguments qui pouvaient avoir cours devant le
Tribunal, de les rassembler au plus vite, de les classer,
de souligner ceux de premier plan qui méritaient
d'être mis en valeur; dans un procès aussi spécial
comme aussi délicat, il était temps, alors que l'audience allait être très prochainement fixée, de méditer
un peu les arguments essentiels et de dresser le plan
général de la plaidoirie.

Car Baudelaire ne voulait rien laisser au hasard,
pas plus qu'il ne voulait laisser à la seule imagination

de Me Chaix d'Est-Ange le soin d'étayer la plaidoirie qui devait enlever l'acquittement.

Les moyens de défense venaient en foule à l'esprit. surexcité du poète; chaque jour il se précipitait chez son avocat pour lui soumettre ses dernières idées; et puis tous les amis de Baudelaire avaient été conviés à collaborer à la préparation de la défense, tous de grand cœur s'y étaient prêtés, et les idées ne manquaient point à tous ces maîtres de la jeune littérature.

Ils en avaient peut-être même un peu trop, et Me Chaix d'Est-Ange avait été les premiers jours débordé sous le flot; il avait fallu élaguer pour dégager les idées essentielles, et mettre en marge de la plaidoirie certaines théories qui ne manquaient pas d'être par trop irrespectueuses pour les magistrats qui s'étaient attribué le droit de juger une œuvre poétique.

Me Chaix d'Est-Ange n'avait point hérité des brillantes qualités de son père. Cependant c'était un avocat utile, doué d'un solide bon sens et qui savait exactement discerner ce qu'il fallait dire, ce qu'il fallait laisser entendre et ce qu'il fallait passer sous silence. N'est-ce pas là, d'ailleurs, une des qualités fondamentales de l'avocat d'affaires, et l'habileté ne consiste-t-elle pas uniquement à passer sous silence ce qu'il ne faut pas dire? Ce qu'il ne faut pas dire! Comme cette notion-là est encore sensible et variable, suivant le temps et suivant l'espace, suivant que l'on plaide ici ou que l'on plaide là!

Me Chaix d'Est-Ange savait tout cela, il connaissait bien les juges de la 6e chambre correctionnelle devant laquelle son client devait comparaître, et il n'avait point l'intention de les faire sursauter par l'exposé de théories romantiquement révolutionnaires.

Après force discussions, les grandes lignes de la

plaidoirie avaient été enfin arrêtées, mais Baudelaire n'en avait pas moins continué à adresser des billets à son avocat, dans lesquels, tout en lui rappelant leurs conversations précédentes, il lui suggérait des arguments nouveaux, de lui ou de ses amis.

C'est ainsi que Sainte-Beuve, qui faisait mine de s'intéresser à « son cher enfant », comme il appelait Baudelaire, lui avait envoyé une note intitulée : *Petits moyens de défense, tels que je les conçois.*

C'est tout ce que le puissant critique avait cru pouvoir faire; et, au lieu d'écrire un article de défense qui aurait pu faire hésiter le Parquet, il avait préféré ne pas crier son avis au grand jour et s'était borné à concevoir de « petits moyens de défense ».

C'étaient, en effet, de bien petits moyens, et on s'étonne que Sainte-Beuve, qui avait souvent le sens critique très développé, ait pu imaginer des arguments aussi ridiculement enfantins.

Baudelaire, un peu affolé par le procès, ne s'était pas rendu complètement compte de la valeur des arguments proposés par le critique, et il avait envoyé à son avocat les *Petits moyens de défense* conçus par Sainte-Beuve.

Me Chaix d'Est-Ange avait souri, et vraiment il y avait bien de quoi.

Voici, en effet, la note de Sainte-Beuve :

« Tout était pris dans le domaine de la poésie. Lamartine avait pris les cieux, Victor Hugo la terre, Laprade les forêts. Musset la passion et l'orgie éblouissante.

« D'autres le foyer, la vie rurale, Théophile Gautier l'Espagne et ses hautes couleurs. Que restait-il? Ce que Baudelaire a pris. Il y a été comme forcé. »

Ayant souri, Mr Chaix d'Est-Ange avait précieusement replié le petit papier, tout en s'étant bien promis de classer cet argument au nombre de ceux qui seraient passés sous silence.

Il est vrai que, dans cette note, Sainte-Beuve avait ajouté quelques arguments plus utiles : il avait indiqué que Béranger, que Musset avaient écrit des vers qui auraient dû bien plus encore que ceux de Baudelaire être poursuivis pour atteinte à la morale. Et, pourtant, soulignait-il, « Béranger est un poète national, cher à tous, que l'Empereur a jugé digne de publiques funérailles »; Musset est « un poète souverainement regrettable », qui avait été de l'Académie.

L'argument avait particulièrement séduit Baudelaire, qui avait tenu à le rappeler à son avocat, en ajoutant Lamartine à Béranger et Musset.

« Je vous supplie, cher Monsieur, écrivait-il, de ne pas négliger les monstruosités de la *Chute d'un Ange*. Si vous voulez, je chercherai avec vous les passages. Décidément, citez (avec dégoût et horreur) les bonnes ordures de Béranger : *Le Bon Dieu, Margot, Jeanneton* (ou *Jeannette*). »

Baudelaire avait tenu à ce qu'on compare son œuvre à celle de Béranger, la conclusion à en tirer lui paraissait tout à fait édifiante; il l'avait résumée dans une lettre à son avocat.

« Tel sujet reproché à M. Ch. Baudelaire a été traité par Béranger, lequel préférez-vous : le poète triste ou le poète gai et effronté; l'horreur dans le mal ou la folâtrie; le remords ou l'impudence? »

Le moyen était évidemment fort impressionnant, d'autant que Béranger était mort en pleine gloire officielle, et que le même gouvernement qui cherchait la condamnation de Baudelaire venait de décerner à Béranger, le 17 juillet précédent, des funérailles nationales.

A mesure que la date de l'audience approchait, Baudelaire était de plus en plus agité; il mettait tout en œuvre pour que sa défense fût complète, et seul, il voulait tout préparer.

« Ne bougez pas, écrivait-il à Poulet-Malassis, qui allait être poursuivi à ses côtés. Ne faites aucune démarche sans moi, vous pourriez me contrecarrer. »

Et Baudelaire, tenant à ce que Chaix d'Est-Ange soit bien éclairé, lui signalait tous les arguments, même les plus fantaisistes, qui lui venaient à l'esprit.

Un jour, il lui avait indiqué le distinguo qu'il fallait faire entre la morale positive èt pratique et « la morale des arts ». — « Il y a, lui notait-il, la liberté pour le génie et il y a une liberté très restreinte pour les polissons. »

Le lendemain, il lui suggérait que le régime napoléonien, après les illustrations de la guerre, doit rechercher les illustrations des lettres et des arts.

Une autre fois il lui signalait que si on ne réagissait pas contre la morale bourgeoise, elle irait jusqu'à dire :

« Désormais, on ne fera que des livres consolants et servant à démontrer que l'homme est né bon et que tous les hommes sont heureux », et pour renforcer sa pensée et indiquer toute son indignation, il avait simplement ajouté, en soulignant deux fois :

« Abominable hypocrïsie. »

Baudelaire avait voulu bien faire les choses; il avait, au dernier moment, réuni et fait imprimer les articles élogieux de Thierry, Dulamon, qui avaient déjà paru, ainsi que ceux d'Asselineau et de Barbey d'Aurevilly, qui, eux, n'avaient pas pu paraître en raison des poursuites.

A son avocat et à d'Aurevilly, il avait fait part de

son intention de réunir ces articles et de les faire parvenir, dès avant l'audience, aux magistrats appelés à le juger.

Barbey avait fort applaudi le projet et **avait aus-sitôt** adressé son article à Baudelaire accompagné du petit mot suivant :

Mon cher Baudelaire,

« Je vous envoie l'article que vous m'avez demandé et qu'une convenance facile à comprendre a empêché *Le Pays* de faire paraître, puisque vous étiez en cause.

« Je serais bien heureux, mon cher ami, si cet article avait un peu d'influence sur l'esprit de celui qui va vous défendre et sur l'opinion de ceux qui seront appelés à vous juger. »

« Tout à vous. »

Les articles avaient donc été imprimés en toute hâte, et Baudelaire, qui voulait les faire distribuer quelques jours avant l'audience, les avait fait précéder de cette courte mais vigoureuse préface, signée de ses initiales :

« Les quatre articles suivants, qui représentent la pensée de quatre esprits délicats et sévères, n'ont pas été composés en vue de servir de plaidoirie. Personne, non plus que moi, ne pouvait supposer qu'un livre empreint d'une spiritualité aussi ardente, aussi écla-tante que *Les Fleurs du Mal*, dût être l'objet d'une poursuite, ou plutôt l'occasion d'un malentendu.

« Deux de ces morceaux ont été imprimés, les deux derniers n'ont pas pu paraître.

« Je laisse maintenant parler pour moi MM. Edouard Thierry, Frédéric Dulamon, J.-B. d'Aurevilly et Charles Asselineau. »

Il avait été convenu que Barbey d'Aurevilly les ferait passer aux juges par l'intermédiaire du roman-

cier Raymond Brücker, un ami de Pinard, le substi-
tut qui avait requis contre Flaubert en février, et qui
devait être disposé à faire payer au poète des *Fleurs
du Mal* l'acquittement de l'auteur de *Madame Bo-
vary*.

L'affaire était fixée au jeudi 20 août; le lundi, Barbey d'Aurevilly n'avait point encore reçu les imprimés qu'il était chargé de faire passer; il s'était
impatienté de ce retard et en avait fait part à son
ami :

« Si j'avais vos placards, lui écrivait-il, ils seraient
déjà chez Brücker, et sous les yeux de notre grand
ami Pinard. N'oubliez pas, au moins, pour demain
mardi. »

Et, comme aucun argument ne devait être négligé,
Barbey ajoutait : « Je pétrirai Brücker qui pétrira
Pinard, qui pétrira vos juges. »

Ces derniers jours, avant l'audience, avaient été
très rapides pour Baudelaire, tout occupé qu'il était
à la préparation minutieuse de sa défense. Tout était
maintenant à peu près terminé. Il s'était mis d'accord
avec son avocat sur les principaux arguments, et on
avait arrêté définitivement les citations destinées à
démontrer que l'œuvre poursuivie était loin d'être
aussi audacieuse que certaines pièces d'auteurs vé-
nérés et célèbres, et jamais soupçonnés, jusqu'à ce
jour, d'avoir porté atteinte à la morale publique ou
religieuse.

Tout était à point, il n'y avait plus qu'à attendre
l'heure de la comparution, et, cependant, Baudelaire
sentait confusément qu'il manquait encore quelque
chose pour le triomphe de sa cause. Ne lui avait-on
pas dit que Flaubert, acquitté quelques mois auparavant, avait eu pour lui l'Impératrice. Et, c'est alors
que le pauvre poète avait soudain été persuadé que

si une femme pouvait parler pour lui, sa cause serait d'avance gagnée.

Certes, il n'avait point tout à fait tort d'attribuer à une intervention féminine une influence bienfaisante et mystérieuse; mais peut-être y songeait-il sérieusement un peu trop tard.

Il avait cependant écrit, le 18 août, au dernier moment, à Mme Sabattier, cette femme si fine, chez qui l'élite des écrivains du temps se donnait régulièrement rendez-vous et qui avait été familièrement surnommée « La Présidente ».

Baudelaire, tout en lui racontant que le jeudi d'avant il avait éprouvé l'irrésistible désir d'aller examiner dans l'exercice de leurs fonctions ceux qui étaient appelés à le juger, lui demandait en même temps si une femme comme elle ne pourrait pas intervenir un tout petit peu pour plaider sa cause avec les arguments dont elle pourrait disposer.

« J'ai vu, lui écrivait-il, mes juges, jeudi dernier. Je ne dirai pas qu'ils ne sont pas beaux, ils sont abominablement laids, et leur âme doit ressembler à leur visage.

« Flaubert avait pour lui l'Impératrice. Il me manque une femme. Et la pensée bizarre que peut-être vous pourriez, par des relations et des canaux peut-être compliqués, faire arriver un mot censé à ces grosses cervelles, s'est emparée de moi, il y a quelques jours. L'audience est pour demain après-midi, jeudi; les monstres se nomment : Président Dupaty, Procureur impérial Pinard (redoutable), juges : Delevaux, de Ponton d'Amécourt, Nacquart, sixième chambre correctionnelle. »

Baudelaire, perdu dans son rêve intérieur, continuait à se remémorer les événements précipités qui

avaient précédé la poursuite, lorsqu'il fut rappelé à
la réalité menaçante par la voix de l'huissier, qui, tout
en hurlant le nom de l'affaire, invitait les sieurs Baudelaire, Poulet-Malassis et de Broize à pénétrer dans
l'enceinte réservée aux prévenus et à s'asseoir sur le
banc que venaient de quitter, nantis d'une condamnation, une demi-douzaine de vagabonds et filous,qui n'en
étaient pas à leur coup d'essai, et qui, en s'en allant,
dévisageaient, non sans curiosité, ces trois beaux messieurs à cravate, si dignes, qui venaient les remplacer.

Il y eut dans l'assistance un brusque mouvement de
curiosité, bien vite calmé par un toussotement du
président Dupaty, qui, en rajustant ses lunettes, venait
de commencer, avec une dignité et une lenteur magis-
trales, l'interrogatoire d'usage.

Poulet-Malassis se présentait sous un aspect jovial,
un tantinet goguenard, qui faisait un étrange contraste
avec la mine distante et dédaigneuse de Baudelaire.

Enfin, le moment tant attendu arrivait.

« Monsieur le Procureur impérial, vous avez la
parole. »

Pinard s'était levé brusquement; on aurait pu
croire qu'il allait dès l'abord s'indigner contre l'œuvre
poursuivie et la flétrir de son éloquence. Il n'en fut
rien, et, c'est avec une surprenante modération dans le
ton qu'il débuta par cette précaution oratoire, qui ré-
vélait suffisamment combien il était peu convaincu du
bien fondé de la thèse qu'il avait charge de soutenir.

« Poursuivre un livre pour offense à la morale pu-
« blique est toujours chose délicate. Si la poursuite
« n'aboutit pas, on fait à l'auteur un succès, presque
« un piédestal; il triomphe, et on a assumé vis-à-vis
« de lui l'apparence de la persécution.

« J'ajoute que, dans l'affaire actuelle, l'auteur ar-
« rive devant vous, protégé par des écrivains de

« valeur, des critiques sérieux, dont le témoignage
« complique encore la tâche du ministère public. »

Ainsi, l'idée de Baudelaire de faire distribuer dès
avant l'audience les articles de ses amis avait été
excellente, puisque, de l'aveu même de Pinard, la
tâche du Ministère public en avait été compliquée.

Pinard poursuivait et citait déjà au tribunal, sans
oublier l'indication de la page, les pièces « que l'on
ne pouvait pas laisser passer sans protester »; le Procureur impérial, s'il savait parfois parler vigoureuse-
ment, ne lisait peut-être point les vers avec une âme
d'artiste, et Baudelaire faisait la grimace, pendant
que le magistrat perdait haleine à lire quelques
strophes des *Bijoux*, du *Léthé*, de *A celle qui est trop
gaie*, et des *Métamorphoses du Vampire*, pour essayer
de se convaincre qu'il y avait bien là, indubitable-
ment, outrage à la morale publique.

« Messieurs, poursuivait-il, je crois avoir cité assez
« de passages pour affirmer qu'il y a eu offense à
« la morale publique. Ou le sens de la pudeur n'existe
« pas, ou la limite qu'elle impose a été audacieuse-
« ment franchie. »

Le procureur passait maintenant au deuxième chef
de la poursuite : l'outrage à la morale religieuse; il
se bornait à citer les titres, tout en essayant de soutenir l'ordonnance de renvoi sur ce point, mais il en
arrivait presque à douter lui-même de la solidité de
sa démonstration.

S'adressant aux juges, il concluait très brièvement
sur l'offense à la morale religieuse : « Vous appré-
« cierez si Baudelaire, cet esprit tourmenté, qui a
« voulu faire de l'étrange, plutôt que du blasphème,
« a eu conscience de cette offense-là. »

Quand un accusateur tient ce langage, la cause
n'est-elle pas déjà gagnée?

Mais Pinard n'était pas décidé à abandonner la partie sur l'autre point, et il revenait déjà sur l'offense à la morale publique, pour écarter, par avance, les deux objections qu'il avait prévues de la part de la défense.

Et il s'épuisait à démontrer que le livre n'en restait pas moins un mauvais livre, un livre immoral, même quand le mal qui y était dépeint était aussitôt flétri et stigmatisé.

« Croit-on, disait-il, que certaines fleurs au parfum « vertigineux soient bonnes à respirer? Le poison « qu'elles apportent n'éloigne pas d'elles. Il monte à « la tête; il grise les nerfs; il donne le trouble, le ver- « tige, et il peut tuer aussi. »

M. le Procureur impérial se laissait emporter par sa trop facile parole, et poussait peut-être au tragique. Il n'en continuait pas moins, et, reprenant pour chaque pièce le passage qui avait le plus apporté de trouble dans son esprit, il terminait encore, en se tournant vers les juges, l'examen de cette première objection.

« Dans ces pièces multiples, où l'auteur s'évertue « à forcer chaque situation, comme s'il tenait la ga- « geure de donner des sens à ceux qui ne sentent « plus, Messieurs, vous qui êtes juges, vous n'avez « qu'à choisir : Le choix est facile, car l'offense est « à peu près partout. »

A la seconde objection prévue, à savoir qu'on s'était abstenu dans le passé de poursuivre des œuvres plus immorales que les *Fleurs du Mal*, le procureur répondait d'une façon embarrassée à cet argument vraiment très gênant : « En droit, de semblables pré- « cédents ne lient pas le ministère public; en fait, il « y a des questions d'opportunité qui expliquent sou- « vent l'abstention et qui la justifient. »

La réponse était fragile, et tout en la développant Pinard ne parvenait pas à la rendre plus saisissante.

Et Pinard, qui, jusqu'à présent, avait seulement maltraité l'œuvre, allait, dans sa péroraison, être quelque peu désagréable envers l'auteur, pour qui il sollicitait cependant l'indulgence :

« Soyez indulgents pour Baudelaire qui est une « nature inquiète et sans équilibre. Soyez-le pour les « imprimeurs qui se mettent à couvert derrière l'au-« teur. Mais, donnez, en condamnant au moins cer-« taines pièces du livre, un avertissement devenu « nécessaire. »

Pinard s'était assis; Baudelaire, après l'avoir entendu, commençait à le trouver moins redoutable; il avait bien esquissé une moue quand il s'était entendu taxer de nature sans équilibre, mais, dans l'ensemble, le réquisitoire lui avait paru modéré.

Peut-être le pétrissage de Barbey d'Aurevilly avait-il produit son effet.

Mᵉ Chaix d'Est-Ange avait maintenant la parole, et tout le public de littérateurs qui était là l'écoutait avidement, pensant qu'il allait plaider la cause des lettres encore plus que celle de leur ami Baudelaire.

Mais non, l'avocat avait décidé de plaider à fond le procès des *Fleurs du Mal*, de suivre pas à pas le ministère public dans ses critiques, de se quereller avec lui sur les mots, sans élever le débat en se lançant dans une discussion littéraire et philosophique, qui aurait certainement été du goût des artistes présents, mais qui risquait fort de déplaire au Tribunal; car il aurait bien fallu lui dire à ce Tribunal qu'il n'avait rien à voir dans pareil procès, et que si c'était son métier de juger les voleurs, il n'avait pas à juger les poètes.

Tout cela eût été fort dangereux, Mᵉ Chaix d'Est-

Ange l'avait bien compris, la discussion serait une discussion de mots, sa plaidoirie serait documentée et utile, elle ne serait pas vide et brillante.

D'abord il commence par présenter son client :

« Charles Baudelaire n'est pas seulement le grand
« artiste et le poète profond et passionné au talent
« duquel l'honorable organe du ministère public a
« tenu lui-même à rendre un hommage public. Il est
« plus, il est un honnête homme, et c'est pour cela
« qu'il est un artiste convaincu. »

Avant de discuter les détails, l'avocat développe d'abord les grandes lignes de son système.

« Où est la faute, s'écrie-t-il, en s'adressant à Pi-
« nard, et surtout, où peut être le délit, si c'est pour
« le flétrir qu'il exagère le mal, s'il peint le vice avec
« des tons vigoureux et saisissants, parce qu'il veut
« vous en inspirer une haine plus profonde, et si le
« pinceau du poète vous fait de tout ce qui est odieux
« une peinture horrible, précisément pour vous en
« donner l'horreur? »

Et l'avocat, le livre en mains, de démontrer aux magistrats, par la lecture des premiers vers, que l'auteur n'a voulu que cela :

> La sottise, l'erreur, le péché, la lésine,
> Occupent nos esprits et travaillent nos corps.
> Et nous alimentons nos aimables remords
> Comme les mendiants nourrissent leur vermine.

« Peindre le vice, mais le peindre sous des cou-
« leurs violentes, je dirai, si vous le voulez, sous des
« couleurs exagérées, pour mieux faire ressortir ce
« qu'il renferme d'odieux ou de repoussant, voilà le
« procédé. »

Et pour établir qu'en littérature le procédé n'est pas nouveau, que les plus grands esprits l'ont préconisé et employé, le défenseur fait appel à l'autorité de Molière, dont il cite la préface du *Tartufe*, à celle de Balzac dont il cite une lettre, à celle de Barbey d'Aurevilly, dont il rapporte un passage de l'article. Ainsi, l'avocat a tout d'abord recherché, avec le livre lui-même, quelles étaient les intentions du poète, il a ensuite démontré combien ces intentions étaient louables, puisqu'il s'agissait uniquement, par un procédé littéraire bien connu, de peindre le mal pour le mieux flétrir.

La démonstration a été étayée par des citations convaincantes et bien choisies; les principes généraux sont posés, il faut continuer la démonstration, mais en s'attaquant maintenant aux détails.

Me Chaix d'Est-Ange ne néglige rien, il signale en passant un argument de texte tiré des travaux préparatoires des lois des 17 et 26 mai 1819 en vertu desquels Baudelaire est poursuivi.

« Le mot outrage, fait-il observer, a été substitué
« dans la loi au mot atteinte que portait le projet.
« On a compris que le mot atteinte avait un sens
« trop étendu.

« Il ne suffit donc pas, pour justifier la poursuite,
« que vous rencontriez dans une œuvre incriminée
« des passages que réprouve la rigueur d'une sévérité
« ombrageuse et d'une pruderie trop facilement in-
« quiète; ce qu'il faut, pour condamner, c'est le cy-
« nisme grossier; c'est une brutalité calculée et
« volontairement dangereuse; en un mot, pour ren-
« trer dans la définition légale, il faudra que la
« licence ait été violemment exagérée et qu'elle ait
« pris le caractère d'un outrage. »

Cette remarque si juste ne semble pourtant pas faire impression sur les magistrats, qui déjà sont peut-être fixés sur le sort qu'ils réservent au poète qui comparaît aujourd'hui devant eux.

Mais avant d'aborder le détail, l'avocat, qui, avec

l'appui de Barbey d'Aurevilly, vient d'établir que les *Fleurs du Mal* « sont moins des poésies qu'une œuvre de la plus forte unité », lance cette apostrophe au procureur impérial :

« Eh bien! qu'a fait le ministère public? De cet
« ensemble, dans lequel tout se tient, il a détaché
« quelques morceaux. Il a pris quelques lignes, quel-
« ques lambeaux de phrases...

« Vous n'avez que des extraits, âcres, violents, con-
« centrés, isolés de tout ce qui devait les atténuer et
« les adoucir. »

Suivant le plan même du réquisitoire M⁰ Chaix d'Est-Ange examine d'abord l'outrage à la morale religieuse; et au redoutable Pinard qui a prêté à Baudelaire les propos des personnages mis en scène par lui, il réplique en lisant les dernières strophes de *Bénédiction,* qui sont bien le plus éclatant démenti que l'on puisse sur ce point infliger au ministère public.

Il cite maintenant *Désespoir,* de Lamartine, dans les Harmonies poétiques. « Qui donc a songé à l'accuser, « conclut-il; qui donc aurait osé poursuivre Lamar- « tine pour outrage à la morale religieuse? »

L'avocat passe rapidement sur ce premier chef, en rappelant que le ministère public lui-même n'a point semblé y attacher une bien grande importance.

Mais la tâche est loin d'être achevée; il reste à détruire l'impression produite par le réquisitoire, en ce qui touche l'outrage à la morale publique.

Fidèle au plan qu'il s'est tracé et à la méthode adoptée, l'avocat de Baudelaire procède par citations et démontre qu'après la peinture du mal viennent toujours et nécessairement des strophes vengeresses dans lesquelles le vice est flagellé.

Il n'hésite pas à lire les strophes des *Femmes dam-*

nées, qui ont été particulièrement prises à parti par Pinard, mais que celui-ci s'est bien gardé de citer complètement.

« Je n'ai pas résisté, ajoute-t-il, au désir de vous
« citer ces beaux vers, mais vous, Messieurs, dans la
« chambre du Conseil, vous relirez toutes les pièces
« poursuivies et vous vous demanderez si c'est bien
« là ce qui constitue le délit d'outrage à la morale
« publique; vous vous le demanderez en comparant
« l'œuvre de Baudelaire et les quelques vers que
« peuvent contenir quelques pièces, en les comparant
« dis-je à ce que vous lisez tous les jours dans notre
« littérature moderne, et je parle ici des auteurs les
« plus illustres, les plus aimés, les plus populaires,
« de ceux que personne n'a jamais pensé à incriminer
« au point de vue de l'outrage à la morale publique;
« et pourtant jamais Baudelaire n'est allé si loin
« qu'eux. »

C'est l'amorce de l'argument auquel Baudelaire tenait tant : la comparaison au point de vue de l'outrage, entre son œuvre et celle de tant d'écrivains illustres qui n'avaient même jamais été soupçonnés d'avoir porté une atteinte si légère soit-elle à la morale.

Mᵉ Chaix d'Est-Ange a bourré son dossier de citations : il est allé en chercher, qui l'eût cru, jusque chez Brantôme.

Mais le temps passe, il plaide depuis longtemps déjà, il ne peut pas tout lire et se borne à citer les passages les plus édifiants : c'est d'abord Musset, avec la *Ballade à la lune;* puis, c'est Béranger — les bonnes ordures que Baudelaire attendait avec impatience, pour juger par lui-même de l'effet produit sur le Tribunal.

Chaix d'Est-Ange ne néglige point Béranger.

C'est d'abord *La Grand'mère* :

> Combien je regrette,
> Mon bras si dodu,
> Ma jambe bien faite,
> Et le temps perdu.

Il cite toute la pièce sans oublier les strophes les plus scabreuses.

Puis c'est, du même Béranger, *Jeannette* :

> Jeune, gentille et bien faite,
> Elle est fraîche et rondelette,
> Son œil noir est pétillant.
> Prudes, vous dites sans cesse
> Qu'elle a le sein trop saillant.
> C'est pour la main qui le presse
> Un défaut bien attrayant.

Et comme la strophe suivante n'en cède en rien aux histoires de la *Grand'mère,* les vers de Baudelaire finissent par devenir bien inoffensifs aux yeux de tous ceux, qui, sans prévention, suivent Chaix d'Est-Ange dans ses explications et ses citations.

Le voilà maintenant qui a recours à Théophile Gautier, dont il lit des pages de *Mademoiselle de Maupin,* spécialement choisies pour la circonstance, et qui, ma foi, font, en ce qui touche l'outrage à la morale publique, passer l'œuvre de Baudelaire tout à fait au dernier plan.

L'avocat a terminé, il a tout dit, tout épuisé, son rôle touche à sa fin, et il ne lui reste plus, pour la bonne ordonnance de ses longues explications, qu'à se résumer. Il le fait, dans un raccourci saisissant, où chaque mot rappelle un développement.

« Je m'arrête, Messieurs, et je ne veux pas abuser « plus longtemps de vos moments.

« Je vous ai dit ce qu'était Baudelaire et quelles « avaient été ses intentions. Je vous ai montré sa mé-

« thode et son procédé littéraire. Je viens de vous
« faire voir longuement qu'il n'y a rien dans son
« œuvre qui soit aussi osé dans le fond et dans la
« forme, dans l'expression et dans la pensée, que tout
« ce que notre littérature imprime et réimprime tous
« les jours.

« J'ai confiance que vous ne voudrez pas frapper
« ce grand homme et ce grand artiste, et que vous le
« renverrez purement et simplement des fins de la
« poursuite. »

M⁰ Chaix d'Est-Ange se rassied. Baudelaire se tourne
vers lui, et ils s'entretiennent à voix basse, pendant
qu'au milieu des murmures de l'assistance, lasse d'attendre, le président donne la parole à M⁰ Lançon, avocat des imprimeurs.

Sa tâche est facile et terne à la fois; tout a été dit,
il ne lui reste plus qu'à débiter quelques banalités
dans l'indifférence générale de l'assistance et des magistrats.

Et pendant que M⁰ Lançon plaide sans chaleur ni
conviction pour Poulet-Malassis et de Broize, les littérateurs présents, groupés dans un coin de la salle,
font circuler ce huitain hâtivement improvisé par
l'un d'eux et griffonné au crayon :

> De Broize imprimeur d'Alençon
> A Lançon confie sa défense,
> Je trouve semblable à Lançon,
> De Broize imprimeur d'Alençon
>
> Lançon prononce en râlant son
> Plaidoyer de peu d'importance.
> De Broize imprimeur d'Alençon
> A Lançon confie sa défense.

Enfin M⁰ Lançon, qui a été très bref, vient de termi-
ner, en demandant, bien entendu, lui aussi, la relaxe
des prévenus.

Le Tribunal se retire pour délibérer pendant que la salle s'emplit tout à coup d'un murmure confus de conversations animées.

Baudelaire, toujours impassible, est un peu abattu par toute cette mise en scène judiciaire, tandis que Poulet-Malassis, singulièrement mis en gaieté par tout le bruit que l'on vient de faire autour des *Fleurs du Mal*, ne dissimule pas la joie que lui cause cette sensationnelle réclame.

Les trois prévenus sont très entourés, leurs amis discutent, échafaudent des hypothèses, interprètent les moindres expressions des magistrats qu'ils ont saisies au passage.

Ce n'est plus du bruit, c'est presque du tumulte, au milieu de l'atmosphère étouffante de cette matinée d'août; les discussions vont leur train, on parle d'art, on parle de morale, on parle de tout et de rien en attendant le résultat à propos duquel des paris s'engagent.

Après un assez long délibéré le Tribunal revient aussi digne et imposant qu'avant; le président Dupaty rajuste ses bésicles, les prévenus et leurs avocats se lèvent pour écouter la sentence que le président lit en soupesant gravement chaque attendu.

« En ce qui touche le délit d'offense à la morale religieuse :

Attendu que la prévention n'est pas établie, renvoie le prévenu des fins des poursuites.

« En ce qui concerne la prévention d'offenses à la morale publique et aux bonnes mœurs :

Attendu que l'intention du poète, dans le but qu'il voulait atteindre et dans la route qu'il a suivie, quelque effort de style qu'il ait pu faire, quel que soit le blâme qui précède ou qui suit ses peintures, ne sau-

rait détruire l'effet funeste des tableaux qu'il présente
au lecteur et qui, dans les pièces incriminées, con-
duisent nécessairement à l'excitation des sens par un
réalisme grossier et offensant pour la pudeur;

Attendu que Baudelaire, Poulet-Malassis et de
Broize ont commis le délit d'outrage à la morale publique et aux bonnes mœurs, savoir : Baudelaire en
écrivant, Poulet-Malassis et de Broize en publiant,
vendant et mettant en vente, à Paris et à Alençon,
l'ouvrage intitulé *Les Fleurs du Mal,* lequel contient
des passages et des expressions obscènes et immorales;

Que les dits passages sont contenus dans les pièces
portant les numéros 20, 30, 39, 80, 81 et 87 du recueil;

Vu l'article 8 de la loi du 17 mai 1819, l'article 26
de la loi du 26 mai 1819,

Vu également l'article 463 du code pénal,

Condamne Baudelaire à 300 francs d'amende, Poulet-Malassis et de Broize, chacun à 100 francs d'a-
mende,

Ordonne la suppression des pièces portant les numéros 20, 30, 39, 80, 81 et 87 du recueil et condamne
les prévenus solidairement aux frais. »

L'audience est levée, et, sans s'attarder à examiner
quel peut être l'effet produit par son jugement, le
président Dupaty quitte immédiatement son fauteuil,
suivi de près de ses assesseurs et du procureur impérial, qui sourit discrètement; le jugement a, en effet,
dépassé ce qu'il espérait, il vient d'avoir sa revanche
complète de l'acquittement de Flaubert.

Cependant, des protestations s'élèvent contre cette
condamnation, que tous les littérateurs et artistes présents à l'audience estiment comme une atteinte à la
liberté sacrée de l'art; c'est un coup brutal qui vient

de leur être porté à tous, car, après l'acquittement des Goncourt, et celui de Flaubert, ne pouvait-on pas légitimement espérer que Baudelaire, lui aussi, sortirait de l'audience sans blâme ni condamnation.

Aussi décerne-t-on immédiatement l'auréole du martyr à ce pauvre Baudelaire, première victime des tracasseries absurdes et persistantes du ministère public. Le poète, qui se prépare à sortir, suivi de son avocat, est très entouré; ses amis contristés s'empressent autour de lui, cherchant vainement une parole de consolation qui sorte de cette banalité ordinaire dont il est si difficile de se dégager dans toutes les circonstances un peu tendues.

Etonné lui aussi par cette condamnation, Barbey d'Aurevilly, le « connétable des lettres », remarquable aujourd'hui par un superbe pantalon gris perle décoré d'une bande noire, discute avec Asselineau, dans un coin de la salle.

Et sous prétexte que M⁰ Chaix d'Est-Ange n'a pas débité au tribunal tous les arguments plus ou moins habiles qui lui avaient été suggérés, sur la liberté intangible de l'art, Asselineau chuchote que Baudelaire n'a pas été défendu.

Barbey d'Aurevilly, qui ignore lui aussi ce qu'est et doit être une plaidoirie documentée et habile, fait chorus avec Asselineau et s'indigne discrètement pour ne pas être entendu.

« Chaix d'Est-Ange a plaidé je ne sais quelles bassesses sans vie, et sans voix », dit-il.

Appréciations injustes vis-à-vis de l'avocat, qui, dans sa plaidoirie solide et documentée, a été favorablement écouté par le Tribunal, alors que s'il avait eu la naïveté de proclamer, même en y mettant les formes, que les magistrats étaient incompétents en

. littérature, la peine infligée au poète s'en serait peut-être ressentie.

Cependant Sainte-Beuve, en grand critique, a déjà trouvé dans le jugement des subtilités qui n'y étaient certainement pas : il cherche à réconforter Baudelaire en lui rappelant un des attendus : « Attendu « que l'intention du poète... Poète, mon cher enfant, « tout est là; vous avez été traité en poète, et non pas, « en accusé. »

Baudelaire n'a cure des termes de sa condamnation. Il sait qu'il est condamné, cette réalité brutale lui suffit, il ne veut pas en savoir davantage, et ne tente pas même de dissimuler son irritation à ses amis.

Asselineau qui voit sa grise mine s'étonne : « Vous vous attendiez donc à être acquitté? » — « Acquitté, riposte Baudelaire, j'attendais qu'on me ferait réparation d'honneur. »

Sur ces mots, il quitte la salle d'audience; et après avoir pris congé de Chaix d'Est-Ange, il s'en va avec deux ou trois de ses amis; il a hâte de fuir cet immense palais de justice sous les voûtes duquel ses pas précipités lui semblent résonner démesurément; il s'en va, suivi de loin par ses éditeurs, plus calmes et plus pondérés que lui, et déjà avant même d'être sur le boulevard, il rime dans sa cervelle des strophes incisives et vengeresses.

Baudelaire avait beau se raisonner, il ne comprenait pas et ne comprendrait jamais cette stupide mutilation de son œuvre; il n'avait même pas pu se faire à l'idée qu'il avait été condamné et les frères Goncourt avaient enregistré, en soupant à côté de lui, au Café Riche, quelques semaines plus tard, « qu'il se défendait encore obstinément, avec une certaine colère rêche, d'avoir outragé les mœurs dans ses vers ».

Il essayait bien d'oublier ce triste épisode de sa lamentable vie, mais les billets qu'il recevait de partout, après ce procès qui le rendait définitivement célèbre, ne faisaient que le lui rappeler.

Flaubert, qui vivait en ermite, dans sa solitude de Croisset, n'avait point su la date de l'audience, c'est pourquoi, le 25 août, 5 jours après sa condamnation, Baudelaire avait reçu une lettre, dans laquelle Flaubert lui suggérait en termes énergiques la comparaison avec Béranger.

« Et on vient de rendre les honneurs nationaux à Béranger, à ce sale bourgeois, qui a chanté les amours faciles et les habits râpés.

« J'imagine que dans l'effervescence d'enthousiasme où l'on est à l'encontre de cette glorieuse binette, quelques fragments de ses chants (qui ne sont pas des chansons mais des odes de Prud'homme) lus à l'audience seraient d'un bel effet. Je vous recommande la *Jeanneton, La Bacchante, La Grand'mère*. Tout cela est aussi riche de poésie que de morale, et, puisqu'on vous accuse, sans doute, d'outrages aux mœurs et à la religion, je crois qu'un parallèle entre vous deux ne serait pas maladroit. Communiquez cette idée (pour ce qu'elle vaut?) à votre avocat. »

L'idée était évidemment excellente, mais arrivait un peu tard. Heureusement que Sainte-Beuve y avait songé.

Baudelaire avait aussi été très flatté d'un billet expédié d'Hauteville House par Hugo.

Quelle belle occasion pour le poète exilé de s'indigner pompeusement contre le régime :

« Une des rares décorations que le régime actuel peut accorder, vous venez de la recevoir, écrivait-il, ce qu'il appelle sa justice vous a condamné au nom de ce qu'il appelle sa morale; c'est là une couronne de plus. Je vous serre la main, poète. »

Malgré toutes les attentions que, de tous côtés, on lui prodiguait depuis le procès, Baudelaire était très affecté de cette condamnation, qu'il considérait comme un malentendu. Il avait cependant renoncé à faire appel; d'abord, parce qu'il était solidement convaincu de l'incompétence littéraire des juges, et puis, aussi, surtout, parce qu'il avait espéré alléger son maigre budget par la remise des amendes qu'il avait sollicitée de la « gracieuse bonté de l'Impératrice ».

Sans grandes difficultés, la remise lui avait été accordée, et, déjà harcelé par les embarras d'argent, il avait apprécié l'avantage à sa juste valeur.

Finalement, emporté par le tourbillon des difficultés et des inquiétudes de chaque jour, il s'était quand même fait à l'idée de la condamnation, il lui arrivait même, parfois, quand il était de belle humeur, de raconter son procès en souriant, avec une ironie légère, la même qui perçait dans l'article qu'il avait écrit, après sa propre condamnation, dans l'*Artiste* du 18 octobre 1857, sur l'acquittement de Flaubert :

« Qu'il me soit permis, comme, aussi bien, cela m'est agréable, de remercier la magistrature française de l'éclatant exemple d'impartialité et de bon goût qu'elle a donné dans cette circonstance. Sollicitée par un zèle aveugle et trop véhément pour la morale, la magistrature s'est montrée loyale et impartiale, comme le livre qui était poussé devant elle en holocauste. »

De tous ceux qui avaient été récemment poursuivis, Flaubert, les frères Goncourt, seul Baudelaire avait, en effet, été condamné; peut-être parce que son œuvre avait paru plus audacieuse, peut-être parce que le ministère public avait insisté davantage pour avoir une revanche des deux acquittements précédents, et peut-être aussi, un peu, parce que Baudelaire n'était, malgré toute son élégance, qu'un pauvre bohême, et, qu'après tout, il était plus facile pour un tribunal de condamner un bohême que des bourgeois solidement établis dans la bonne société, comme l'étaient également, malgré toutes leurs théories, les Goncourt et Flaubert.

Et la condamnation d'écrivains étrangers à toute politique n'était-elle pas aussi, pour le régime impérial, comme une justification des rigueurs que l'on exerçait sans cesse contre la presse qui s'avisait de dire trop hautement ce qu'elle pensait.

Certes, tous les régimes ont cherché, à des degrés différents, à dominer la presse; c'est un procédé de gouvernement qui, tout en étant classique, reste fort discutable.

Mais ce qui est inadmissible, et ce que tous les régimes ont cependant fait, c'est de poursuivre, en dehors de toute considération politique, des écrivains qui n'étaient que des écrivains; ce qui est inadmissible et ce contre quoi on doit s'élever de toutes ses forces, c'est de voir que tous les régimes qui se sont succédé n'ont renoncé, ni les uns, ni les autres aux procès littéraires, en persistant, sous couleur de morale, à vouloir appliquer à des littérateurs des textes de droit pénal qui n'étaient pas faits pour eux.

De 1853 à 1857, les Goncourt, Flaubert et Baudelaire avaient été poursuivis, et on pouvait légitimement s'indigner de voir ainsi traîner sur les bancs de la police correctionnelle, ainsi que le rapportent les Goncourt dans leur *Journal*, précisément « les quatre hommes les plus purs de tout métier et de tout industrialisme, les quatre plumes les plus entièrement dévouées à l'art ».

Il est vrai que l'Empire n'eut pas le monopole des poursuites de ce genre, puisque, après Baudelaire, Catulle Mendès, Verlaine, Richepin, Raoul Ponchon et combien d'autres furent également poursuivis et condamnés. Ce qui ne les empêcha d'ailleurs pas, les uns et les autres, d'arriver à la célébrité : qu'il suffise de rappeler ici que, lorsque Jean Richepin mourut, il était de l'Académie et Commandeur de la Légion d'honneur, lui qui, si l'on en croit un jugement, avait, dans sa *Chanson des gueux*, outragé la morale et de ce fait passé effectivement un mois en prison.

Ainsi, depuis Flaubert et Baudelaire, de nombreux écrivains ont été poursuivis; les textes des lois ont changé, mais les principes sont restés les mêmes, et le législateur a toujours mis à la disposition des magistrats un texte permettant de poursuivre et de condamner les écrits immoraux ou contraires aux bonnes mœurs.

C'est par application de l'article 8 de la loi du 17 mai 1819, qui avait abrogé et remplacé l'article 287 du Code pénal, que Baudelaire avait été poursuivi.

L'article 287 du Code pénal punissait en effet, « toute exposition ou distribution de chansons, pamphlets, figures, ou images contraires aux bonnes mœurs »; c'était évidemment insuffisant, puisqu'à s'en tenir au texte, le livre, les cris et les discours pouvaient échapper aux poursuites.

Aussi la loi du 17 mai 1819 avait-elle, dans son article premier, comblé la lacune en précisant l'énumération des moyens par lesquels une atteinte répréhensible aux bonnes mœurs pouvait être portée :

« Quiconque, soit par des discours, des cris ou menaces proférés dans des lieux ou réunions publics, soit par des écrits, des imprimés, des dessins, des gravures, des peintures ou des emblèmes vendus ou distribués, mis en vente ou exposés dans des lieux ou réunions publics, soit par des placards et affiches exposés au regard du public. »

La portée du nouveau texte était beaucoup plus grande et devait permettre d'atteindre, plus sûrement, des délits qui avaient été laissés en marge de l'article 217 du Code pénal.

En dehors des offenses publiques envers la personne du roi, de celles envers les membres de la famille royale, des chambres, les souverains et les chefs de gouvernements étrangers, cette loi du 17 mai 1819 prévoyait, dans son chapitre II (article 8), les outrages à la morale publique et religieuse, ou aux bonnes mœurs :

« Tout outrage à la morale publique et religieuse, ou aux bonnes mœurs, par l'un des moyens énoncés en l'article 1er, sera puni d'un emprisonnement d'un mois à un an, et d'une amende de 16 à 500 francs. »

C'était en vertu de cet article 8 que les Goncourt et Flaubert avaient été poursuivis et que Baudelaire avait été condamné à l'amende, encore n'avait-il échappé à la prison que par application de l'article 463 du Code pénal, et le jeu des circonstances atténuantes.

Pendant plus de 60 ans, la loi de 1819 subsista à travers la Royauté, l'Empire et la République; elle résista aux bouleversements constitutionnels et servit tous les régimes avec la même ponctualité, et c'est elle qui, sous chacun d'eux, défendit avec une égale rigueur la morale publique et religieuse, au même titre que les bonnes mœurs.

Que d'auteurs furent traînés en correctionnelle, sous l'empire de la loi de 1819, et c'est, vu l'article 8 de cette loi, que notamment Catulle Mendès, et après lui Richepin, allèrent, l'un en 1861 et l'autre en 1876, passer un mois dans le calme reposant de la prison de Sainte-Pélagie, sans préjudice des amendes qui leur avaient été généreusement octroyées.

Mais, à 62 ans d'âge, une loi est souvent bien fatiguée ; elle mérite d'être mise au goût du jour, et c'est pourquoi, malgré d'éminents services rendus à la morale, la loi de 1819 fut abrogée.

Elle fut remplacée par la loi du 29 juillet 1881, que le législateur d'alors, — qui faisait de l'ironie peut-être sans le savoir, — a qualifié de loi « sur la liberté de la presse ».

La nouvelle venue n'avait pas du tout la physionomie de l'ancienne, puisqu'elle abandonnait la sauvegarde de la morale religieuse, comme d'ailleurs de la morale publique, pour ne retenir dans son article 28 que « l'outrage aux bonnes mœurs » commis par l'un des moyens énoncés en l'article 23, c'est-à-dire « soit par des discours, cris ou menaces proférés dans des lieux ou réunions publics, soit par des écrits, des imprimés vendus ou distribués, mis en vente ou exposés dans des lieux ou réunions publics, soit par des placards ou affiches exposés au regard du public ».

Tout en n'ayant plus que les bonnes mœurs à garder, la loi nouvelle pouvait d'autant mieux répondre à ce qu'on attendait d'elle que les sanctions prévues avaient été très sérieusement augmentées.

Les minima pour la prison et l'amende étaient bien encore de 1 mois et de 16 francs, mais les maxima avaient été portés à deux ans et 2.000 francs.

Le législateur ne tarda pas à s'apercevoir que son œuvre était imparfaite, et que la loi de 1881 avait le tort de confondre dans un même délit l'outrage aux bonnes mœurs commis par l'écriture, sans distinction, tant au point de vue des peines que de la procédure, entre le livre et la simple brochure, ou le prospectus.

En effet, la loi de 1881 prévoyait, pour l'outrage aux bonnes mœurs par l'écriture, la compétence de la Cour d'assises; aussi des brochures ou des annonces contraires aux bonnes mœurs échappaient-elles à toute sanction, parce que le Parquet hésitait à mettre en mouvement le mécanisme compliqué de la Cour d'assises pour des délits incontestablement contraires aux bonnes mœurs, mais véritablement trop peu importants pour être déférés au jury.

Et puis, comme avec la loi de 1881 la saisie préventive des brochures ou journaux obscènes ne pouvait pas être pratiquée, ces journaux et brochures pouvaient continuer à circuler librement, en produisant leur effet pernicieux jusqu'à l'arrêt de la Cour d'assises.

Il y avait donc là encore une lacune à combler, et il fallait donner la possibilité au Parquet de poursuivre et d'obtenir rapidement une condamnation contre tous les camelots de bas étage, qui, à l'abri des complications de la loi de 1881, pouvaient vivre paisiblement du produit de l'avantageux commerce des publications obscènes.

C'est dans ces conditions que la loi du 2 août 1882 vit le jour; l'outrage commis par des écrits, imprimés, autres que le livre, des affiches, dessins, gravures, peintures, emblèmes, objets ou images, devenait un délit de droit commun, de la compétence du Tribunal correctionnel.

Les lois postérieures ne changèrent point la distinction fondamentale ainsi faite entre le livre et les autres écrits. Une loi du 16 mars 1898 a notamment substitué au mot « obscènes » l'expression plus complète « d'obscènes ou contraires aux bonnes mœurs ».

D'après la Cour de cassation, cette addition n'a point changé les éléments du délit; cette solution paraît tout à fait logique, puisqu'il est bien évident que l'obscénité comprenait déjà nécessairement tout ce qui pouvait être contraire aux bonnes mœurs.

Enfin, la loi du 7 avril 1908 a complété la législation en cette matière : elle a eu pour but d'étendre les pénalités de la loi de 1882, dans tous les cas où il y a vente, mise en vente, offre d'écrits autre que le livre, alors même qu'elles ne sont pas publiques. — La modification est d'importance, puisque sous le régime de la loi précédente, la vente ou l'offre faite à des majeurs n'étaient punissables que si elles étaient publiques.

Avant la loi de 1908, l'offre non publique n'était sanctionnée que si elle avait été faite à un mineur. Ainsi, la loi de 1908 a uniformisé les éléments du délit, en permettant désormais de débusquer de leurs derniers retranchements les camelots vendeurs d'œuvres obscènes; puisque, dans tous les cas, que l'offre soit publique ou non publique, ils peuvent être poursuivis.

L'outrage aux bonnes mœurs, par les écrits et les paroles, est donc actuellement prévu et réprimé par la loi du 29 juillet 1881, et toute la série des autres lois qui l'ont suivie.

Toute cette législation, faite de pièces successives, est un peu touffue, assez embrouillée; elle mériterait d'être refondue, et les dispositions concernant le même objet, éparses dans plusieurs lois, devraient être rassemblées.

Quoi qu'il en soit, la législation actuelle, bien qu'imparfaite dans sa présentation, possède sur l'ancienne loi de 1819 une supériorité incontestable.

En effet, la loi de 1819 confondait tout dans une

même répression, et un écrivain de valeur n'était au point de vue pénal pas mieux considéré qu'un louche vendeur d'images obscènes.

Cette regrettable égalité n'est malheureusement pas encore complètement supprimée, mais elle est cependant atténuée, et voici dans quelle mesure.

L'article 28 de la loi de 1881, dont les dispositions doivent se combiner avec celles de la loi de 1898 (article premier), s'applique :

1° A l'outrage aux bonnes mœurs commis par des discours ou des cris proférés dans des lieux ou réunions publics;

2° A l'outrage aux bonnes mœurs commis par des livres vendus ou distribués, mis en vente ou exposés dans des lieux ou réunions publics.

Dès lors, l'outrage par la voie du livre est un délit de presse, de la compétence de la Cour d'assises; c'est donc un avantage certain pour l'auteur du livre que de bénéficier de toutes les faveurs accordées par la loi aux délits de presse.

Malheureusement, les écrits autres que le livre ne bénéficient point de ce régime exceptionnel, et l'auteur d'un article, par exemple, sera poursuivi par application de la loi du 2 août 1882, modifiée par celle du 16 mars 1898, qui fait de ce délit un délit de droit commun de la compétence du Tribunal correctionnel.

Il est vrai que les écrits autres que le livre, pour reprendre la formule de la loi, comprennent non seulement les articles ou brochures qui peuvent être des œuvres d'écrivains de valeur, mais aussi, les annonces et prospectus à caractère nettement et uniquement obscène, et il importe, dans ce dernier cas, de sévir rapidement et sûrement, par la procédure correctionnelle.

Ainsi, même à l'heure actuelle, des littérateurs qui

publient autre chose qu'un livre peuvent encore être confondus dans la répression avec les plus vils camelots.

C'est, évidemment, tout à fait fâcheux, et il serait grandement désirable qu'une législation plus simple permette, en particulier, aux littérateurs et aux artistes de bénéficier, dans tous les cas, du régime de faveur du délit de presse, que l'œuvre publiée soit un livre ou une simple brochure ou article.

La solution, pour être délicate, n'est cependant pas impossible; le législateur qui nous gratifie, en effet, de tant de lois nouvelles, n'aurait qu'à dire tout simplement que l'outrage aux bonnes mœurs commis par un écrit présentant un caractère littéraire ou artistique sera toujours considéré comme délit de presse, et déféré à la Cour d'assises.

La seule difficulté consisterait à apprécier si l'œuvre poursuivie présente ou non le caractère littéraire ou artistique; ce serait, après tout, une pure question de fait, qui devrait être tranchée d'après le caractère même de l'œuvre, comme encore d'après le caractère des précédents ouvrages de l'auteur. Ce ne serait pas tellement compliqué, et les Tribunaux solutionnent chaque jour des questions de fait souvent plus délicates.

Les magistrats des Parquets auraient donc, avant de lancer la poursuite, à apprécier si l'œuvre présente ou non un caractère littéraire ou artistique, et les juges devant qui elle serait déférée auraient également à faire cette appréciation, afin de vérifier, tout d'abord, leur compétence quant à l'écrit dont ils auraient à connaître.

Il serait ainsi tout à fait désirable que le criterium du caractère littéraire ou artistique entrât dans la loi, — ce serait, dans le droit pénal, faire une place à part aux écrivains dignes de ce nom. A cette place ils ont incontestablement droit, car c'est déjà trop que Flaubert, Baudelaire et Richepin aient été poursuivis comme des délinquants de droit commun.

Dans une société où les lettres et les arts ont une place prépondérante, les véritables écrivains et les vrais artistes ont droit à une protection spéciale qui ne devrait pas leur être marchandée; — ce droit, il leur a été définitivement acquis et bien chèrement payé par tous les littérateurs de génie qui sont venus s'asseoir sur les bancs de la correctionnelle, aux côtés des escrocs et des filous.

Le législateur devrait donc, en attendant mieux, apporter cette légère modification en décidant que les œuvres à caractère littéraire ou artistique bénéficieront, dans tous les cas, du régime des délits de presse. Cette toute petite réforme n'apporterait aucune perturbation à notre Code pénal et constituerait à l'endroit des littérateurs une preuve bien méritée de considération.

En effet, les avantages dont seul le livre bénéficie à l'heure actuelle ne sont point négligeables.

Pour l'outrage commis par la voie du livre, il ne peut être procédé ni à l'arrestation préventive de l'inculpé, ni à la saisie de l'ouvrage incriminé; de plus la confiscation ne peut pas davantage être prononcée par l'arrêt de la Cour d'assises. La prescription pour l'outrage par le livre est de un an seulement.

Au contraire, pour l'outrage commis par des écrits, autres que le livre, c'est la compétence du tribunal correctionnel : le délit est de droit commun.

En conséquence; le prévenu peut être arrêté préventivement, les écrits, dessins ou affiches doivent être saisis, et le tribunal doit dans son jugement ordonner la destruction des objets saisis.

Quant à la prescription, s'agissant d'un délit de droit commun, elle est de trois ans.

Enfin, les règles de la complicité sont également dif-férentes selon le cas.

Si on se trouve en présence d'un délit de presse, les articles 42 et 43 de la loi du 29 juillet 1881 reçoi-vent application : l'article 42 indique notamment que les auteurs de l'œuvre incriminée ne pourront être poursuivis comme auteurs principaux qu'à défaut des gérants ou éditeurs, qui sont les premières victimes désignées par la loi.

L'article 43 stipule que « lorsque les gérants ou les éditeurs seront en cause, les auteurs seront pour-suivis comme complices » et une jurisprudence très nette précise que, lorsque la poursuite est dirigée contre l'éditeur, l'auteur ne peut figurer dans l'ins-tance que comme complice.

Pour l'outrage prévu et réprimé par la loi de 1882, c'est encore le droit commun qui reprend son empire, et la complicité obéit alors aux règles bien connues de l'article 60 du Code pénal, dont l'application aboutit à des résultats tout à fait différents de ceux qui résultent de la théorie spéciale de la complicité inscrite dans la loi de 1881.

Pour ce qui est des circonstances atténuantes, elles sont également applicables à l'outrage commis par le livre comme à celui commis par des écrits autres que le livre, mais pour le délit de droit commun le jeu des circonstances atténuantes est celui de l'article 463 du Code pénal; tandis que, pour le délit de presse, c'est l'article 64 de la loi de 1881 qui prévoit que, lorsqu'il y aura lieu de faire application de l'article 463, « la peine prononcée ne pourra excéder la moitié de la peine édictée par la loi ».

D'autre part, la loi de 1881 dispense, par son art. 61,

le prévenu de fournir caution, en cas de pourvoi en cassation.

Un dernier avantage enfin, en faveur du livre, est constitué par l'article 63 de la loi du 29 juillet 1881, qui édicte que « l'aggravation des peines résultant de la récidive ne sera pas applicable aux infractions prévues par la présente loi ».

Le délit d'outrage aux bonnes mœurs de la loi de 1882, au contraire, est sanctionné, en cas de récidive, par les augmentations de peines des articles 57 et 58 du Code pénal.

Le livre bénéficie donc, dans l'état de la législation, d'avantages très sérieux, qui mériteraient d'être étendus à toutes les œuvres, quelle que soit leur importance, quand elles émanent d'écrivains ou d'artistes dont la valeur s'impose.

Il y a donc, dans ces conditions, un intérêt primordial à savoir, lorsqu'une œuvre est poursuivie, si l'on se trouve en présence d'un livre ou d'une simple brochure, d'un délit de presse ou d'un délit de droit commun; c'est une question de fait déjà tranchée par la jurisprudence; c'est ainsi qu'il a été jugé qu'on ne saurait considérer comme livre une brochure de 10 pages, de petit format, contenant 250 vers.

Doit également être considéré, comme brochure, un écrit consistant en une livraison isolée de quelques pages, même si elle est destinée à former plus tard un volume, par la réunion avec une série de livraisons analogues.

Par contre, il a été jugé, par un arrêt de cassation de 1910, qu'un imprimé de 158 pages, vendu 10 francs, devait être considéré comme livre.

Autant de questions de fait, dont la solution entraîne des conséquences particulièrement importantes; ces questions peuvent être parfois délicates à résoudre, et il ne serait pas plus difficile, après tout, pour les magistrats, de déterminer si un écrit présente un caractère artistique ou littéraire, mais encore faudrait-il qu'une disposition légale nouvelle permît à ces œuvres, sans distinction entre le livre et les autres écrits, de bénéficier du régime de la loi de 1881.

Peut-être peut-on sérieusement espérer une réforme en faveur de la littérature, qui semble actuellement jouir d'une certaine considération auprès des parquets; car il faut bien reconnaître que depuis quelques années les écrivains n'ont guère été tracassés au nom de la morale et des bonnes mœurs.

Il est vrai que nos magistrats ne peuvent plus, en présence de la production moderne, se permettre d'être aussi sensibles sur le chapitre des bonnes mœurs que leurs prédécesseurs du second Empire et des premières années de la troisième République.

D'ailleurs, le législateur lui-même, malgré toutes ses préoccupations, semble assez bien disposé vis-à-vis de la cause littéraire : le projet récemment déposé par M. Barthou sur le recours en révision des livres condamnés paraît, en effet, avoir été considéré avec bienveillance dans les milieux parlementaires; et il est permis de penser que cette bienveillance n'était pas due uniquement à ce fait que le projet était proposé par un ministre.

Il est même probable que, sans la dernière crise ministérielle, le projet aurait déjà été voté; mais il est à croire qu'il le sera incessamment, car M. Lucien Hubert, notre garde des Sceaux, qui a été, au temps de sa jeunesse, poète montmartrois, aura certainement à cœur de faire aboutir rapidement une loi si chère à tous les écrivains.

Le projet Barthou a pour but d'ouvrir un recours en révision contre les condamnations prononcées pour outrages aux bonnes mœurs commis par la voie du livre. Une loi est, en effet, nécessaire, car il n'existe aucun moyen légal d'obtenir la révision, la Cour de cassation n'admettant pas, et c'est assez juridique, que l'évolution de la morale et le changement d'appréciation vis-à-vis d'une œuvre puissent constituer des faits nouveaux.

La révision serait, d'après le projet, entourée notamment des garanties suivantes :

1° Elle ne pourrait être demandée que 20 ans après que la condamnation serait devenue définitive;

2° La demande ne pourrait être introduite que par la Société des Gens de lettres, soit d'office, soit à la requête du condamné ou de ses ayants droit;

3° La Chambre criminelle serait saisie par le ministre de la Justice et statuerait définitivement sur le fond, comme juridiction investie d'un pouvoir souverain d'appréciation.

Ce projet, œuvre à la fois d'un fin politique et d'un fin lettré, présente des mérites indiscutables, mais il faut bien avouer qu'il est destiné à produire des conséquences plus théoriques que pratiques.

Quel intérêt peut présenter, en effet, la réhabilitation d'un livre comme *Les Fleurs du Mal* qui, depuis longtemps déjà, a été si sûrement réhabilité par ce juge suprême qu'est le public?

Sans que Baudelaire ait interjeté appel, le jugement du 20 août 1857 a été définitivement réformé par l'opinion, et la poésie baudelairienne n'a jamais été ternie par la décision de la 6e chambre correctionnelle.

Reste le point de vue juridique, qui est en réalité la raison d'être du projet Barthou.

Car, en droit, le jugement de condamnation, inexécuté depuis de longues années, a cependant conservé toute sa force exécutoire.

Et le Parquet pourrait, si bon lui semblait, citer en correctionnelle une belle brochette d'éditeurs et de libraires, qui vendent quotidiennement *Les Fleurs du Mal*, et allèchent l'acheteur en lui faisant observer que leur édition contient le texte complet des pièces condamnées.

Le Parquet ne veut rien voir, et il a bien raison. Le projet Barthou en permettant la réhabilitation ferait ainsi disparaître cette situation juridiquement fausse des éditeurs et des libraires.

Mais le grand intérêt du projet, c'est qu'il attribue à la Société des Gens de lettres un rôle de premier ordre, dans l'instance en révision, en lui réservant le droit exclusif d'introduire la demande.

En adoptant le projet le législateur donnera à cette Société une précieuse marque de confiance, dont elle est d'ailleurs remarquablement digne.

Cette Société se trouvera donc être désormais le défenseur attitré et légalement reconnu des lettres.

Aussi, peut-on sérieusement estimer que le projet de M. Louis Barthou n'est qu'une étape de la marche vers la liberté littéraire et artistique.

N'est-il pas, en effet, permis de penser que, dans un autre projet, le rôle de la Société des Gens de lettres, limité jusque-là aux instances en révision, pourrait être étendu aux instances nouvelles sur le point de s'engager.

Et, dans ce projet futur, ne pourrait-on pas dire qu'aucune poursuite contre une œuvre à caractère littéraire ou artistique ne serait intentée, sans que le Parquet prenne, auparavant, l'avis du comité de direction de la Société des Gens de lettres.

Bien entendu, la Société n'aurait qu'à émettre un simple avis et le Parquet garderait son entière liberté d'action.

La réforme ne serait point audacieuse, puisque le rôle officiel de la Société des Gens de lettres serait déjà inscrit dans une loi, et qu'en fin de compte les prérogatives du Parquet ne seraient en rien atteintes.

On pourrait ainsi, dans l'avenir, donner un véritable statut aux littérateurs et aux artistes, et éviter de pénibles erreurs et d'inutiles vexations.

Car il est bien certain qu'une œuvre ne peut être vraiment contraire aux bonnes mœurs, que si elle est également contraire « aux bonnes lettres », et l'avis, émanant d'une illustre réunion d'écrivains probes et sérieux, mériterait d'être retenu.

Les poésies de Charles Baudelaire n'étaient point contraires aux bonnes mœurs et faisaient grandement honneur aux belles lettres; et si des magistrats, trop zélés pour ce qu'ils croyaient être la morale, avaient, avant de poursuivre, pris l'avis de Théophile Gautier, de Barbey d'Aurevilly, de Sainte-Beuve et de tous ceux qui, en 1857, représentaient si brillamment les lettres françaises, jamais le pur artiste des *Fleurs du Mal* n'aurait été condamné, et jamais le pauvre poète n'aurait senti peser sur lui ce « malentendu » qu'il ne devait jamais, de sa triste vie, arriver à comprendre.

- - - POITIERS - - -

IMPRIMERIE MARC TEXIER

9 782329 039039